Mathias Kreft

Klavier-Horizonte Band 1

15 leichte Lieblingsstücke für jede Gelegenheit

Für Piano-Anfänger ab dem 2. Unterrichtsjahr

artist ahead

Download der Hörbeispiele

Rufen sie die Seite **www.artist-ahead-download.de** in ihrem Browser auf. Klicken sie auf den entsprechenden Downloadbutton **„Klavier-Horizonte Band 1"** und geben sie dort die folgenden Zugangsdaten ein.

Benutzer: Horizonte1
Passwort: leicht

Hier haben sie jetzt verschiedene Optionen sich die Hörbeispiele herunterzuladen, zu speichern oder auf CD zu brennen. Eine Audio-CD mit allen Titeln zu diesem Buch gibt es ausschließlich und nur in unserem Onlineshop auf **www.artist-ahead.de**

Erklärungen zu den musikalischen Zeichen

Dynamik

pp (pianissimo) = sehr leise
p (piano) = leise
mp (mezzopiano) = halbleise
mf (mezzoforte) = halblaut
f (forte) = laut
crescendo = lauter werdend
decrescendo = leiser werdend

Tempo

ritardando (*rit.*) = langsamer werdend
poco ritardando (*poco rit.*) = etwas langsamer werdend
molto ritardando (*molto rit.*) = viel langsamer werdend
accelerando (*accel.*) = schneller werdend
diminuendo (*dim.*) = „abnehmend" (leiser und langsamer werdend)
poco rubato = im Tempo etwas freier, mit Raum für Ausdruck im Spiel
a tempo = wieder im ursprünglichen Tempo weiterspielen
Adagio = langsam (Viertelnoten ca. 66-76)
Andante = ruhig, gehend (Viertelnoten ca. 76-108)
Moderato = gemäßigtes Allegro (Viertelnoten ca. 108-120)
Allegro = heiter, munter bewegt (Viertelnoten ca. 120-168)

Weitere Spielanweisungen

leggiero = locker, entspannt
meccanico = mechanisch präzise
calando = nachlassend in Tempo und Lautstärke
con moto = bewegt
Ped. Pedalzeichen:
con ped. = mit Pedal
senza ped. = ohne Pedal
Pedallinie = Pedal halten
Pedalhaken = Fuß kurz heben
Pedalende-Zeichen = Pedal vollständig lösen
sim. = Pedal wie soeben eingetragen auch weiter einsetzen

Weitere Zeichen

8va = spiele eine Oktave höher
8vb = spiele eine Oktave tiefer
L.H. = linke Hand
R.H. = rechte Hand
⌢ = über den notierten Notenwert hinaus länger klingen lassen

3. Auflage 10/21
ISBN 978 3 86642 099 1
© 2016 Mathias Kreft und artist ahead Musikverlag
Alle Rechte vorbehalten.
Umschlagentwurf: Ron Marsman
Notensatz: Mathias Kreft, Hans-Jörg Fischer
Layout: Regina Fischer-Kleist
Hergestellt in der EU

artist ahead GmbH · Wiesenstraße 2-6 · 69190 Walldorf · Germany
info@artist-ahead.de · www.artist-ahead.de

Inhaltsverzeichnis

Die Songs

1. Walzer in a-Moll .... (H1) .... CD 01 .... Seite 4
2. Pustekuchen .... (H1) 02 7
3. Strandgut .... (H1) 03 10
4. Avalon .... (H1) 04 13
5. Auf hoher See .... (H1) 05 16
6. Siesta .... (H1) 06 18
7. Zwischenräume .... (H1) 07 20
8. Strandläufer .... (H1) 08 23
9. Fliegende Fische ...... (H1) 09 26
10. Indigo .... (H1) 10 28
11. Nordlicht .... (H1) 11 30
12. Rückenwind .... (H2) 12 32
13. Heiter bis Wolkig .... (H2) 13 34
14. Urlaub am Meer ...... (H2) 14 37
15. Zeitreisen .... (H2) 15 40

Vorwort

Die Reihe „Klavier Horizonte" versteht sich als motivierendes Ergänzungsrepertoire zu gängigen Klavierschulen. Die Stücke bieten viel Klangerlebnis bei vergleichsweise geringem technischen Schwierigkeitsgrad. Klanglich orientiert sich die Musik an Popmusik, Filmmusik sowie Impressionismus und Minimal Music. Damit bieten diese Stücke in Klangfarbe und technischen Grundlagen eine gute Vorbereitung auf die schwerer spielbare Musik beliebter moderner Komponisten oder auch Songbooks und populärer Filmmusik-Notenbücher.

„Band 1" ist vom Schwierigkeitsgrad für Schüler ab dem zweiten Unterrichtsjahr geeignet. Die Horizont-Spielstufen beziehen sich auf ein 9-stufiges System (H1 bis H9). Einfaches Tonleiterspiel, das Greifen von Dreiklängen und erste Erfahrungen mit rhythmisch unabhängigem Spiel der Hände werden vorausgesetzt. Die Stücke sind über weite Strecken komfortabel im Fünf-Finger-Tonraum komponiert. Sie haben keine oder nur wenige Vorzeichen und sehr selten Vorzeichenwechsel. Die Fingersätze sind in den Noten vermerkt. Pedaleinsätze sind nur dann eingetragen, wenn sie im Verlauf der Stücke variieren. Die Kompositionen sind zudem auch für kleinere Hände bestens geeignet. Durch den vergleichsweise geringen technischen Spielaufwand entsteht mehr Raum für Ausdruck und Spaß am Spiel. Die Stücke sind, nach bisherigen Erfahrungen im Unterricht, bei Kindern sowie Erwachsenen sehr beliebt und eignen sich perfekt zum Vorspiel bei familiären Anlässen oder bei Freunden. Die beiliegende CD dient als praktische Lernhilfe, um den Ausdruck und die richtige Artikulation nachvollziehen zu können.

Die Horizont-Spielstufen:

H1: frühe Anfänger (ab dem 2. Unterrichtsjahr)
H2: Anfänger
H3: fortgeschrittene Anfänger
H4: frühe Mittelstufe
H5: Mittelstufe
H6: fortgeschrittene Mittelstufe
H7: frühe Fortgeschrittene
H8: Fortgeschrittene
H9: weit Fortgeschrittene

Walzer in a-Moll

Mathias Kreft

Schwungvoll ♩ = 160

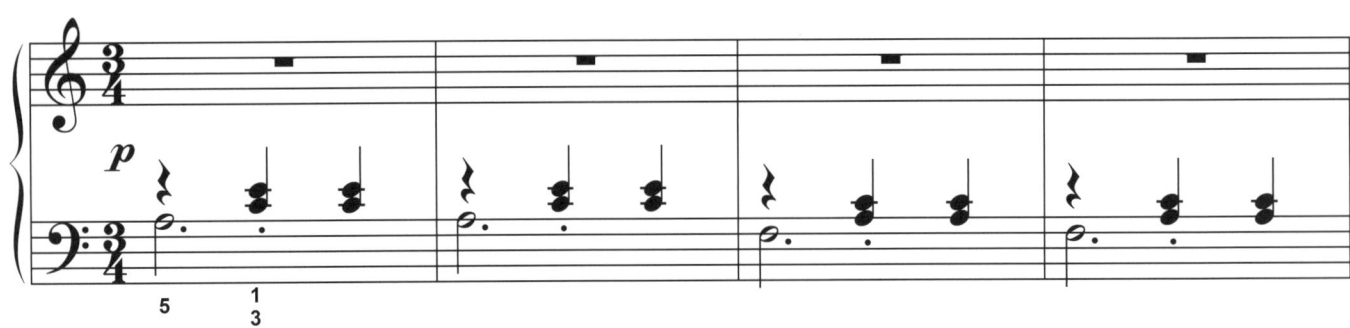

artist ahead

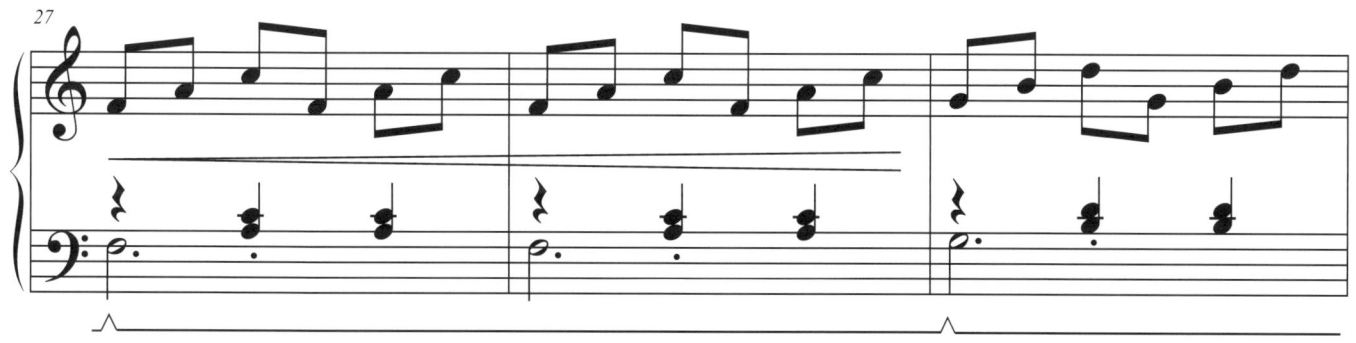

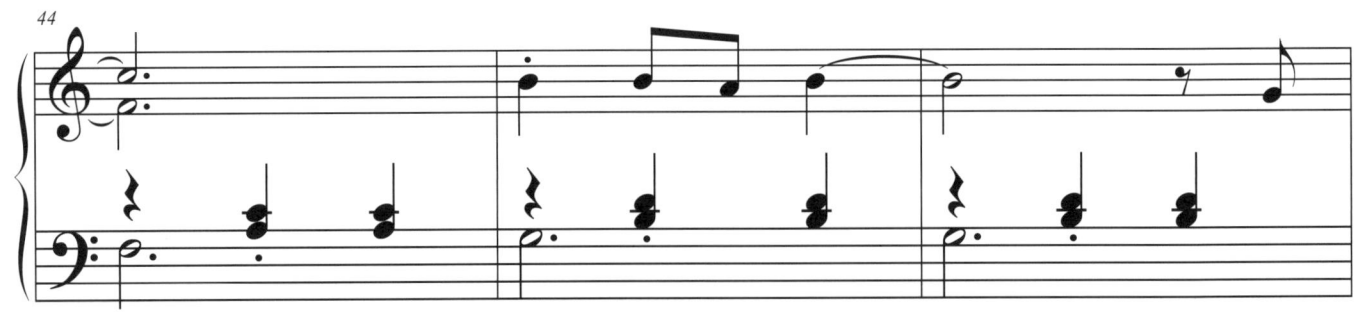

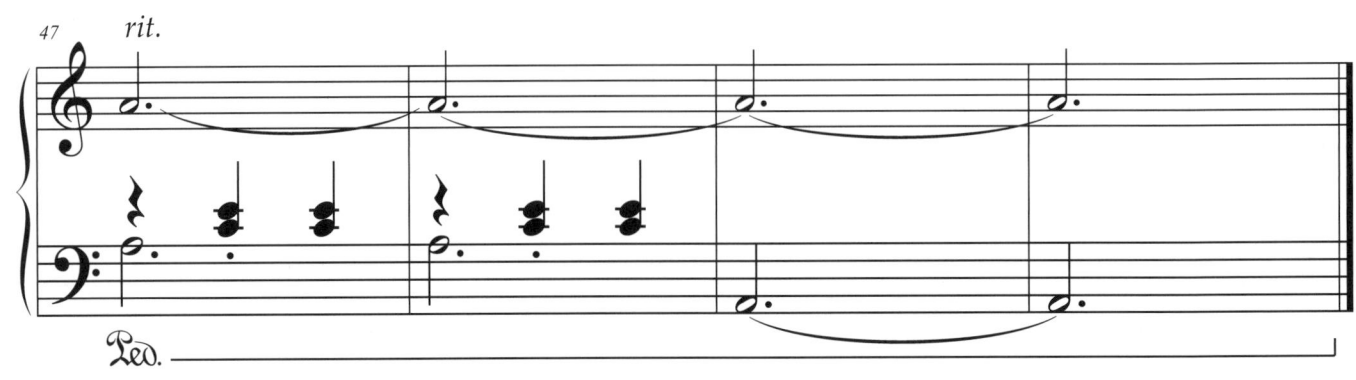

Pustekuchen

Mathias Kreft

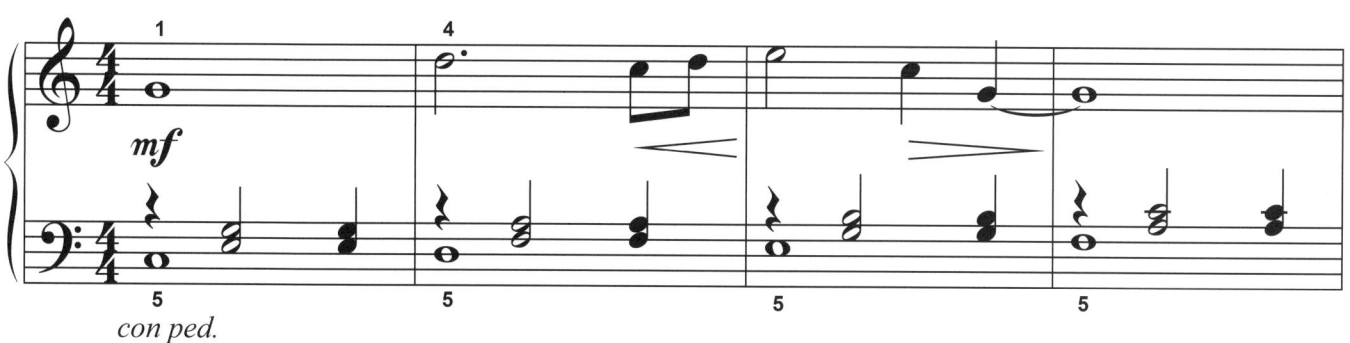

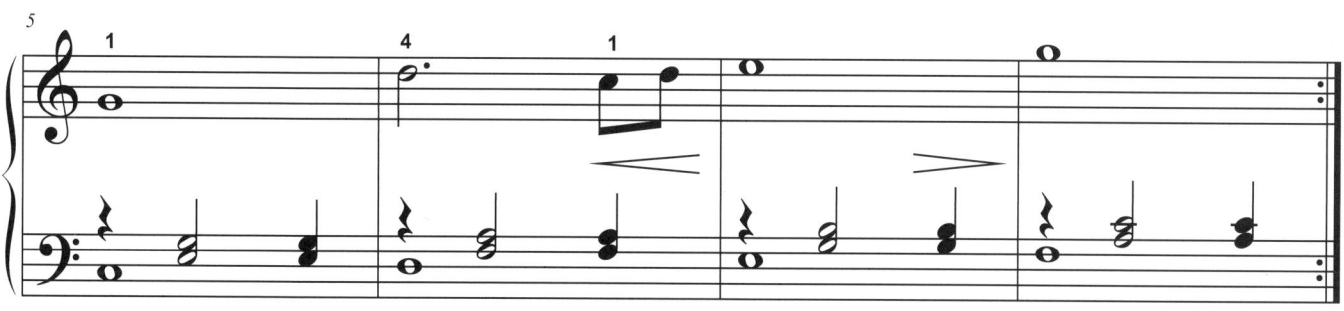

poco rit.

a tempo

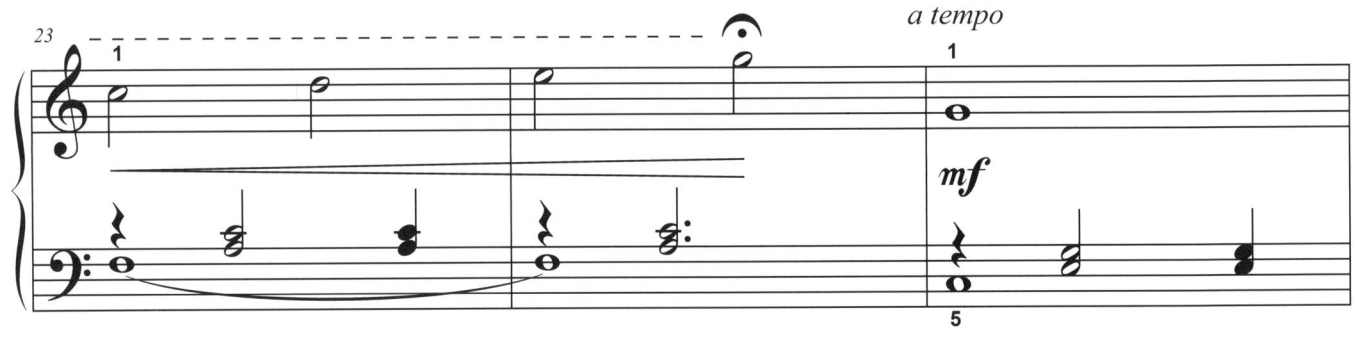

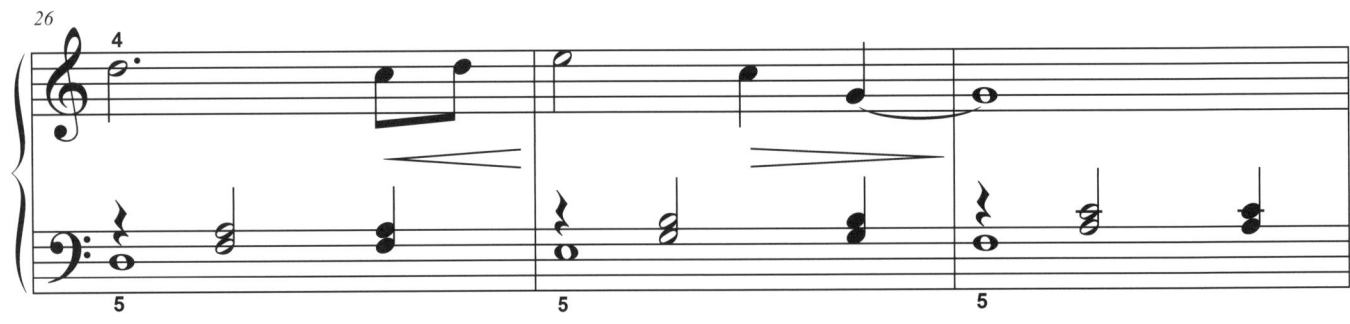

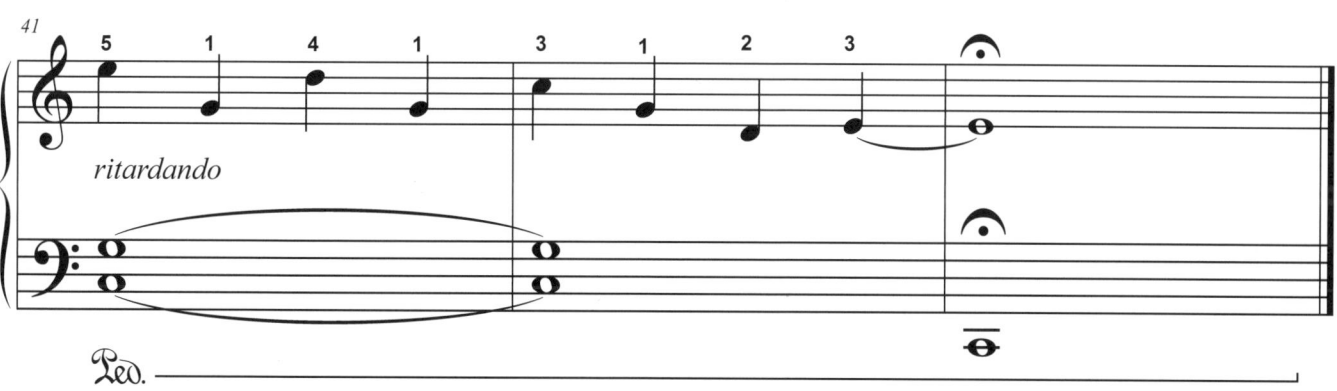

Strandgut

Mathias Kreft

Ruhig und anmutig ♩ = 130

con ped.

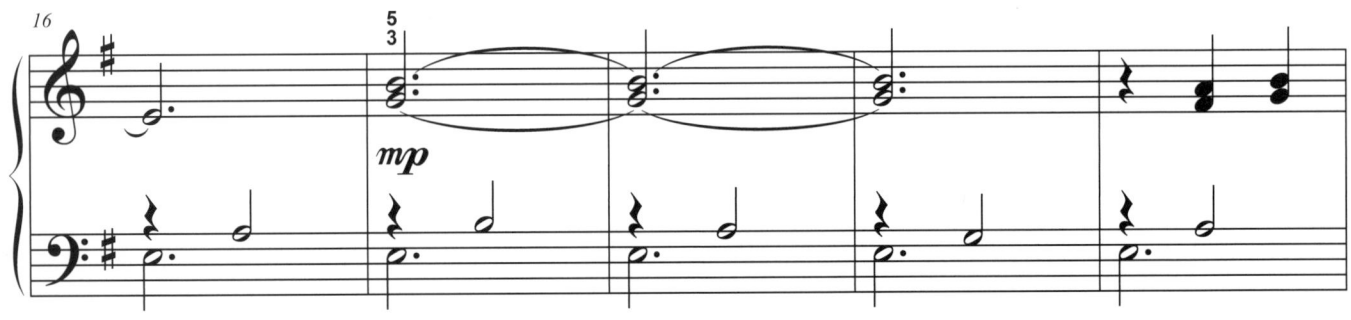

artist ahead

Avalon

Mathias Kreft

Moderato ♩ = 120

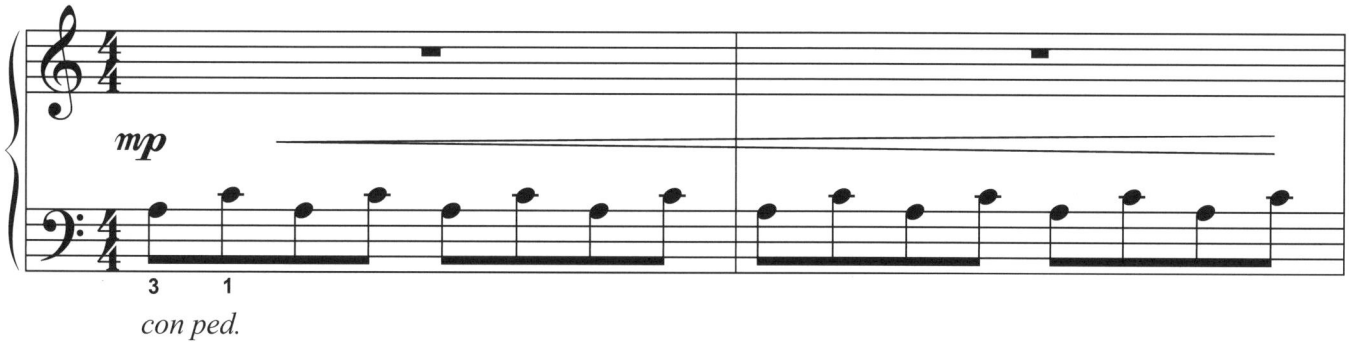

con ped.

Auf hoher See

Mathias Kreft

artist ahead

Siesta

Mathias Kreft

Poco rubato ♩. = 140

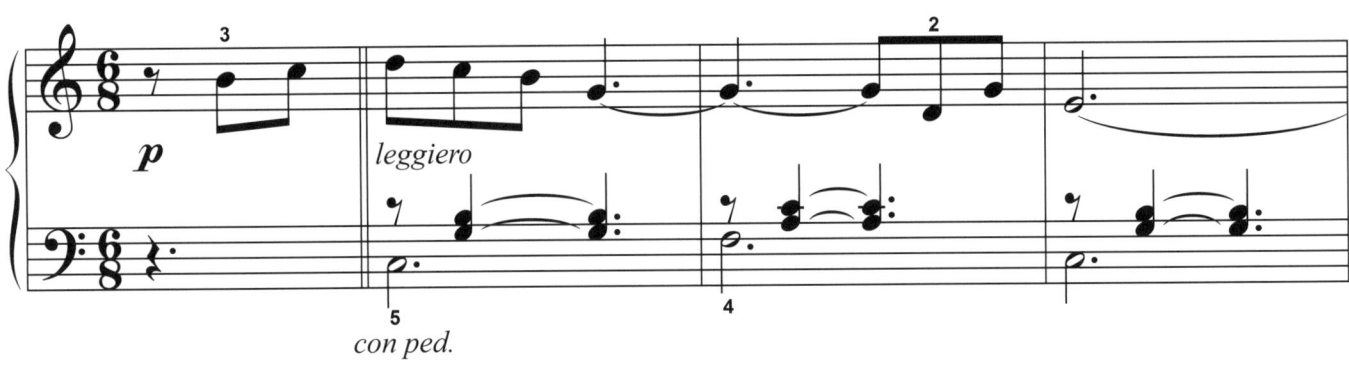

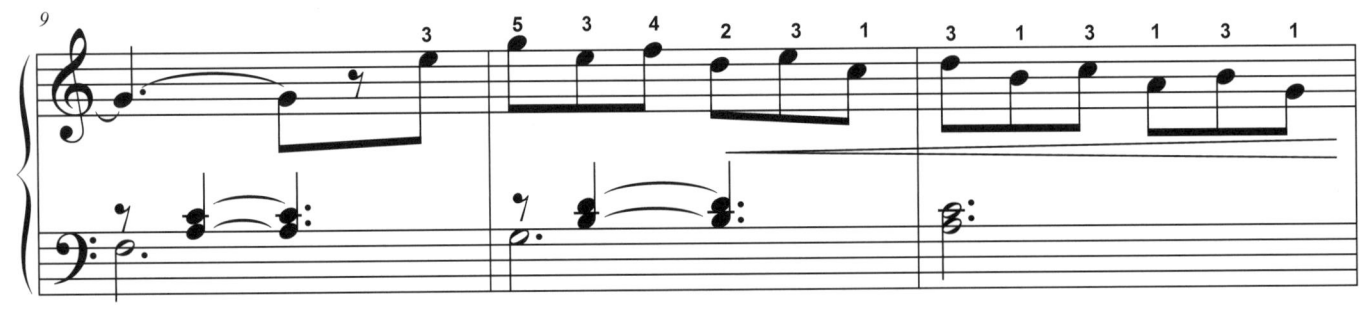

artist ahead

Zwischenräume

Mathias Kreft

Meccanico ♩ = 110

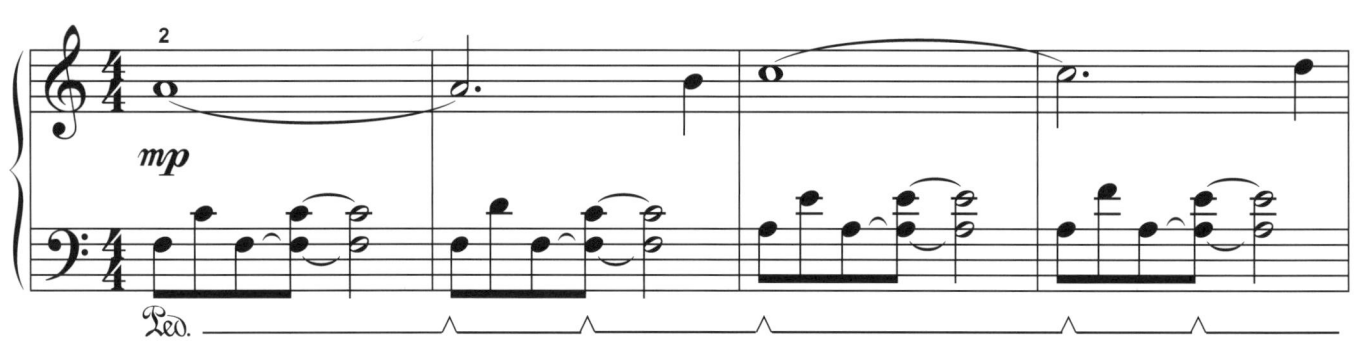

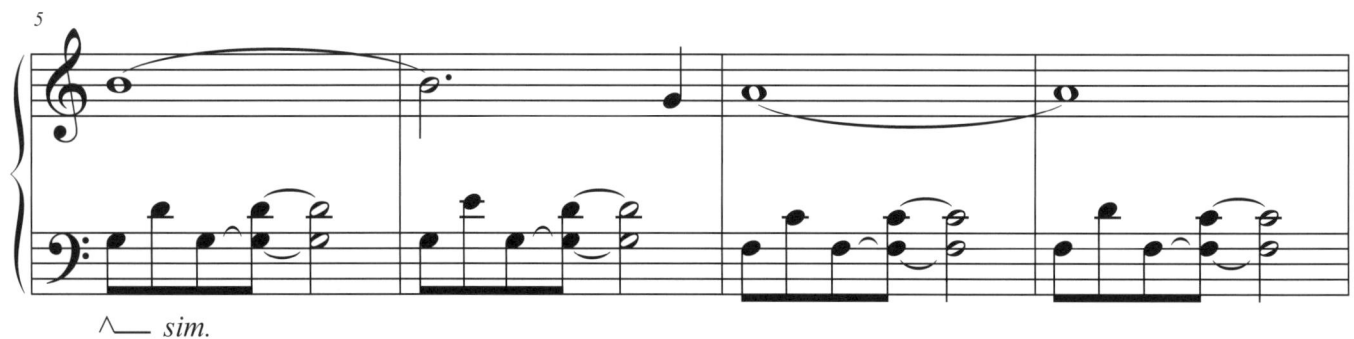

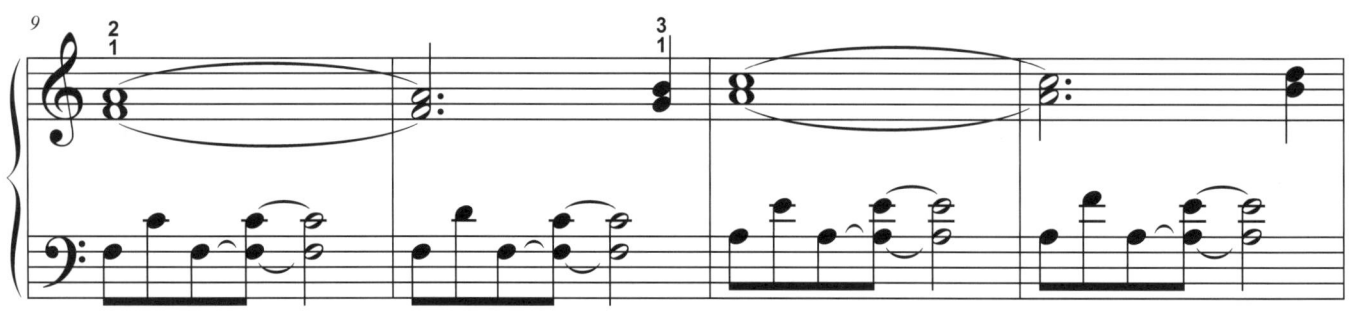

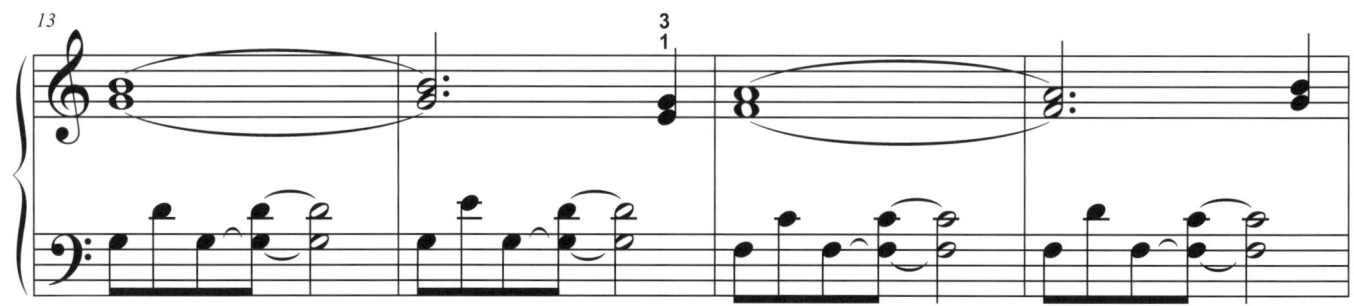

artist ahead

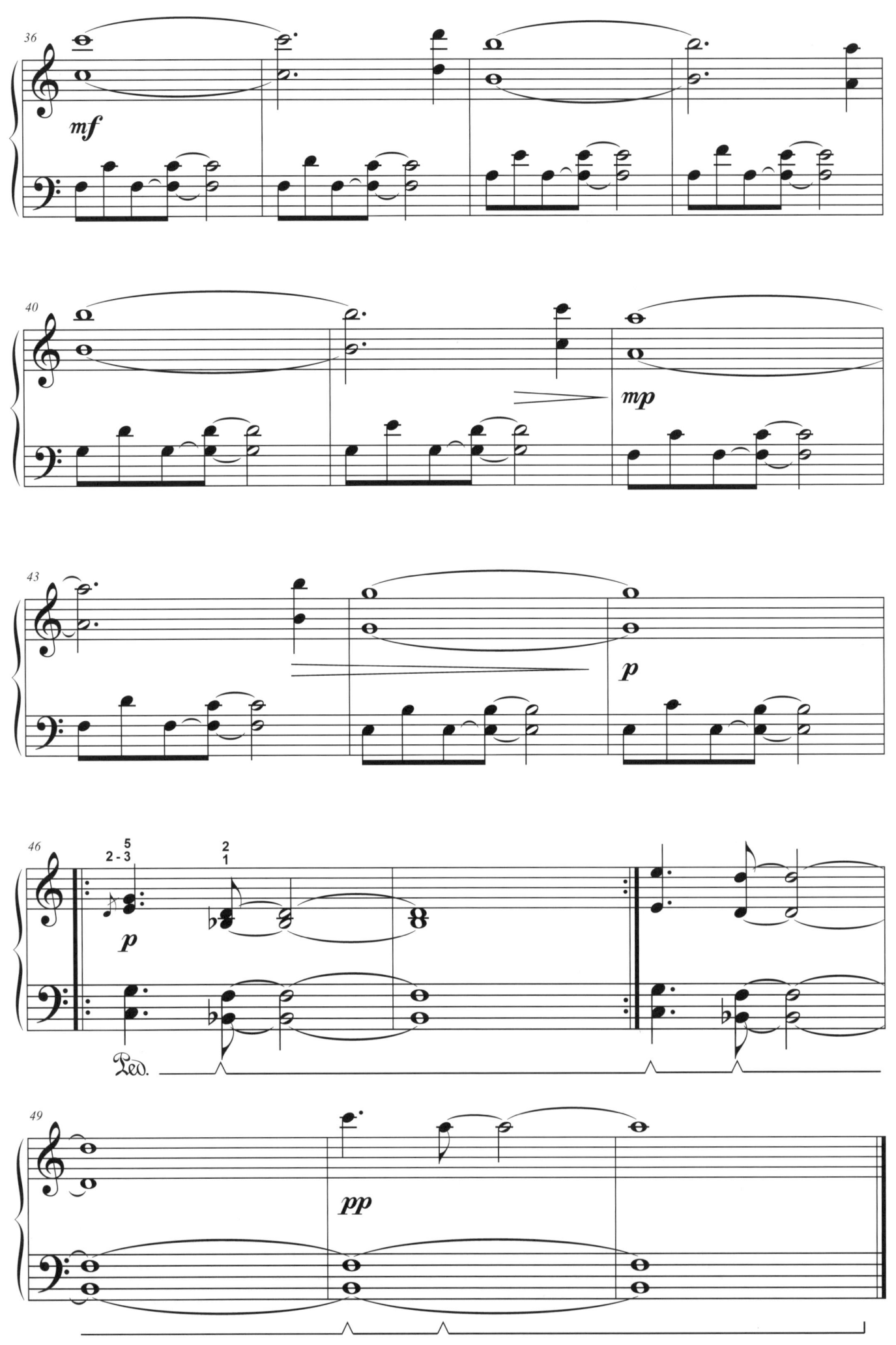

Strandläufer

Mathias Kreft

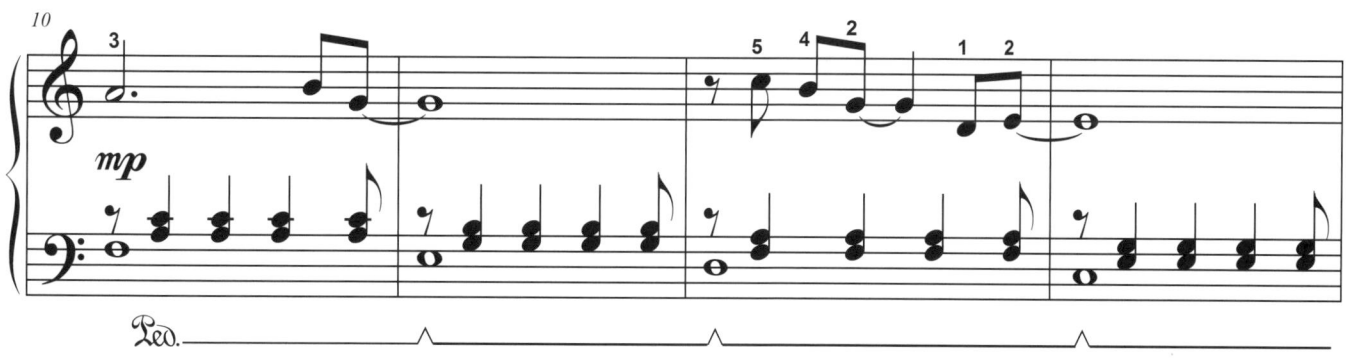

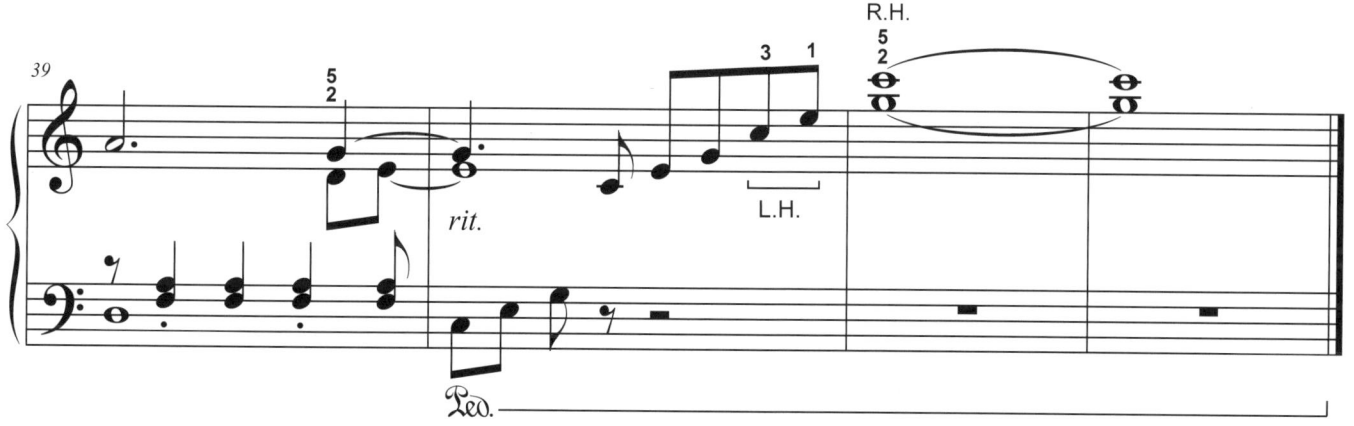

Fliegende Fische

Mathias Kreft

Allegro con moto ♩ = 152

artist ahead

Indigo

Mathias Kreft

Sehr ruhig ♩ = 76

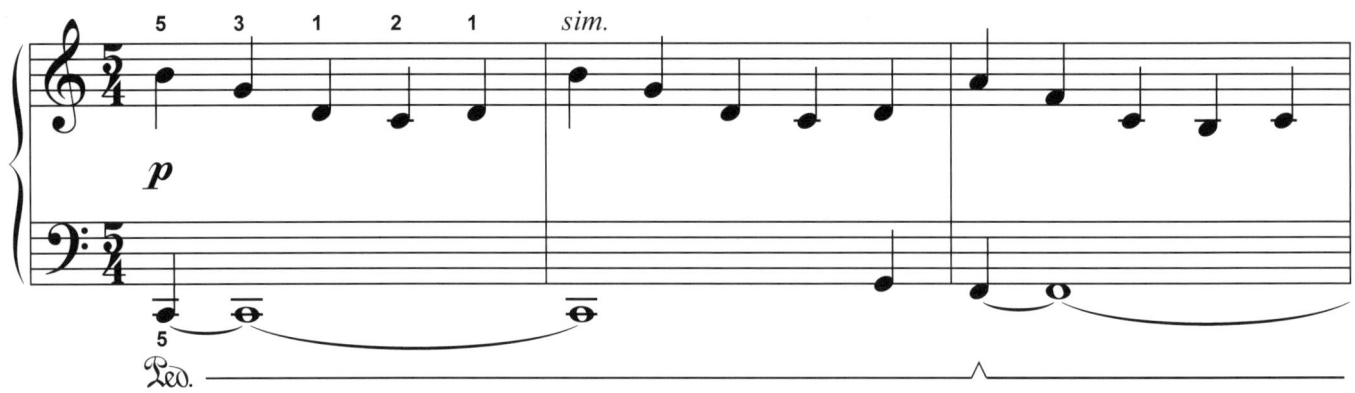

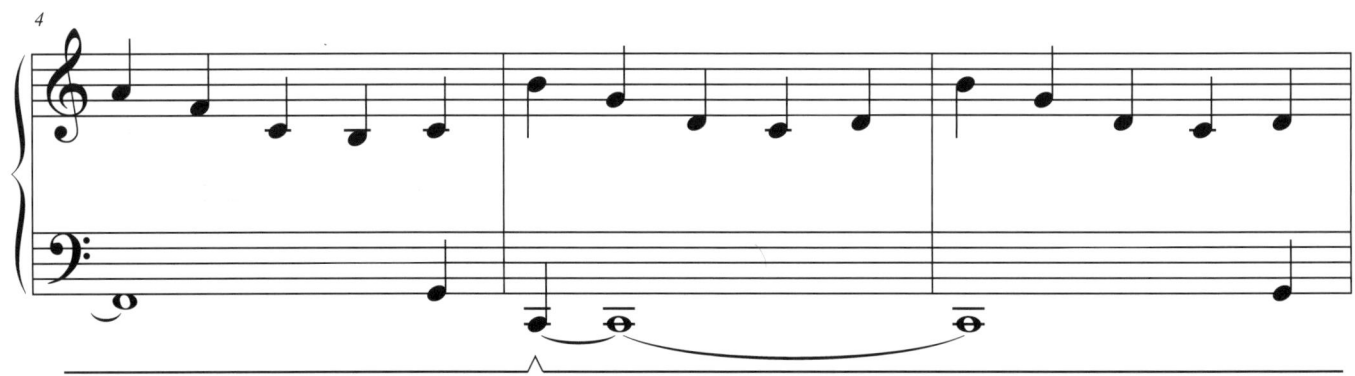

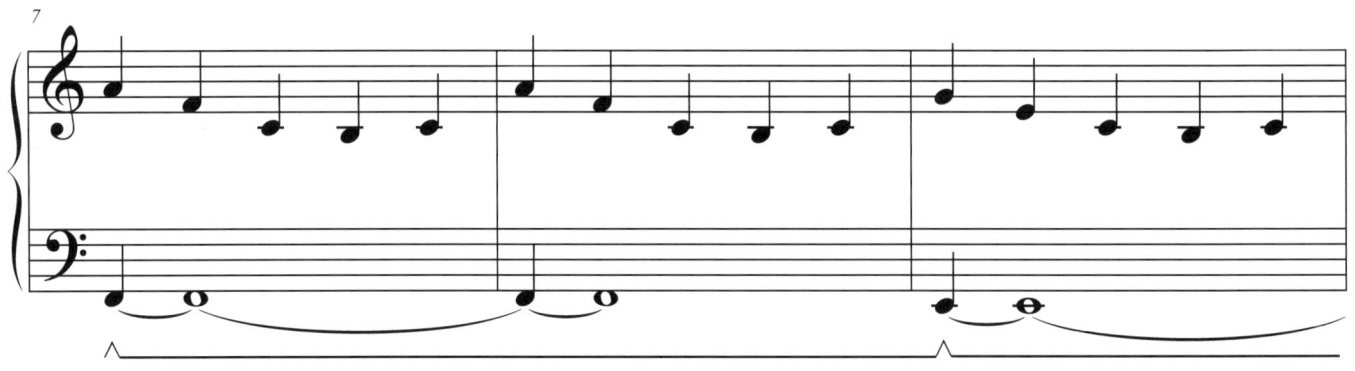

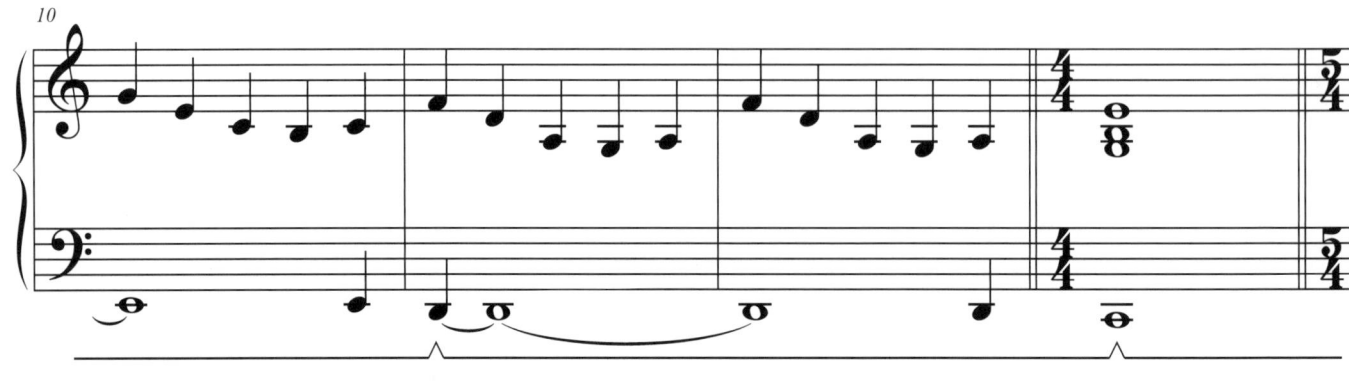

artist ahead

Nordlicht

Mathias Kreft

Moderato ♩ = 112

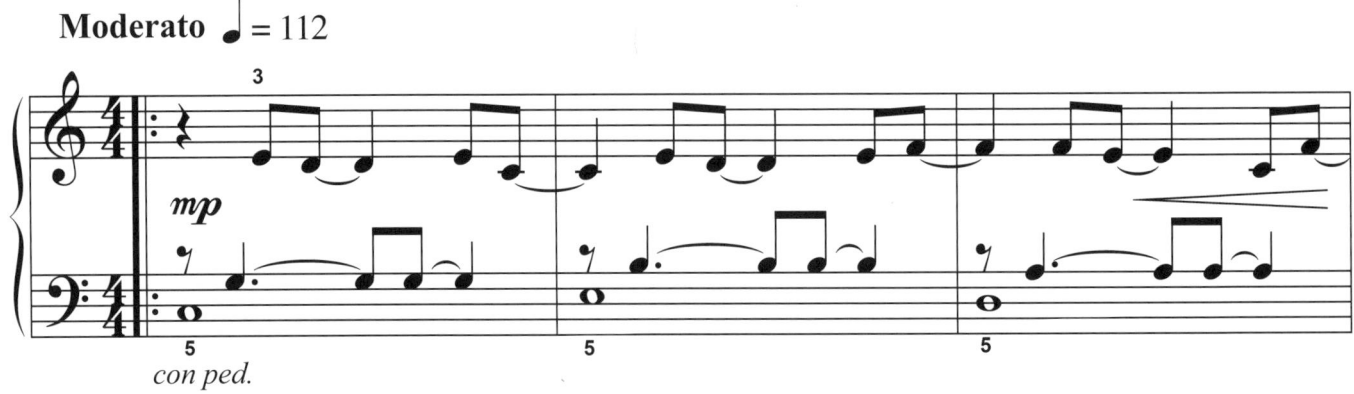

con ped.

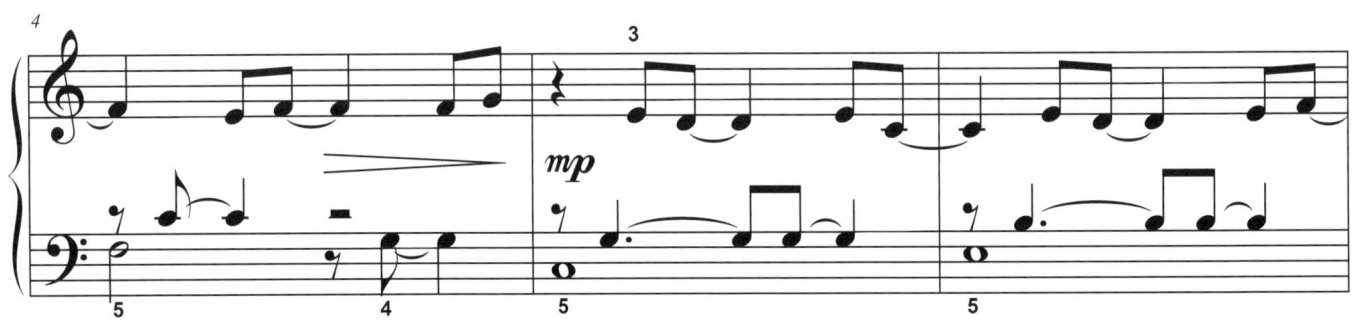

artist ahead

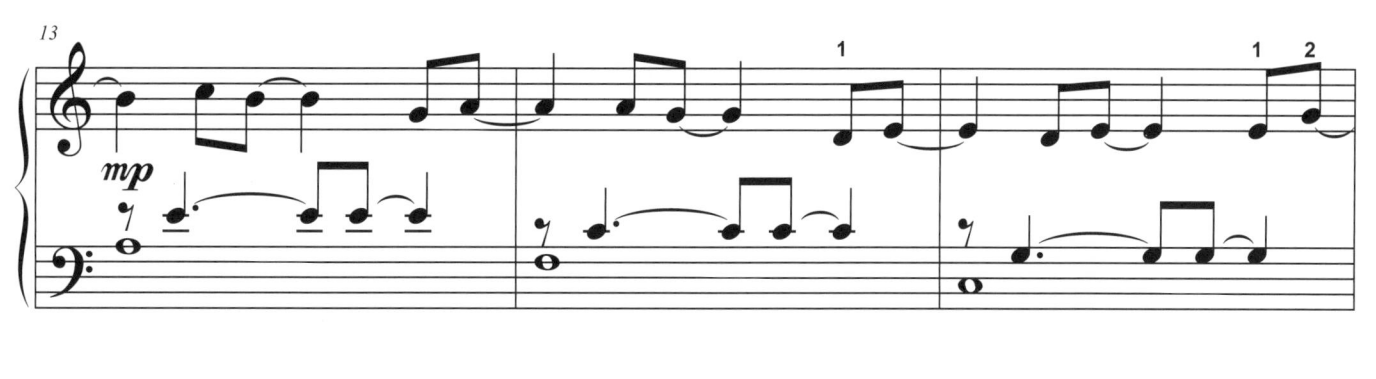

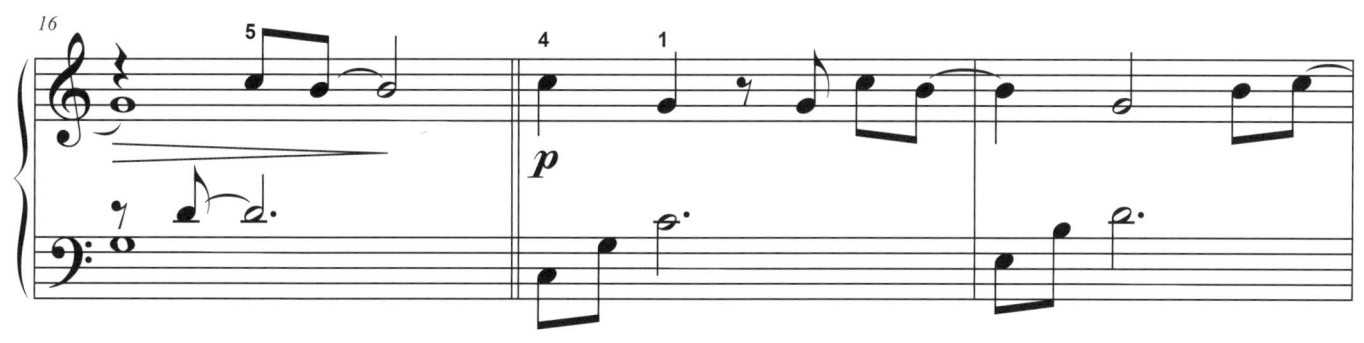

Rückenwind

Mathias Kreft

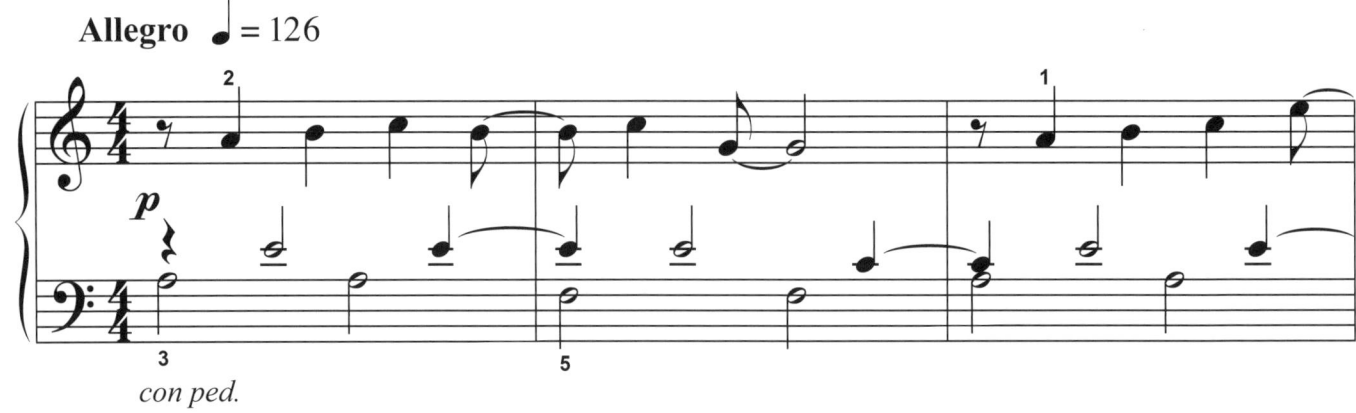

Allegro ♩ = 126

p

con ped.

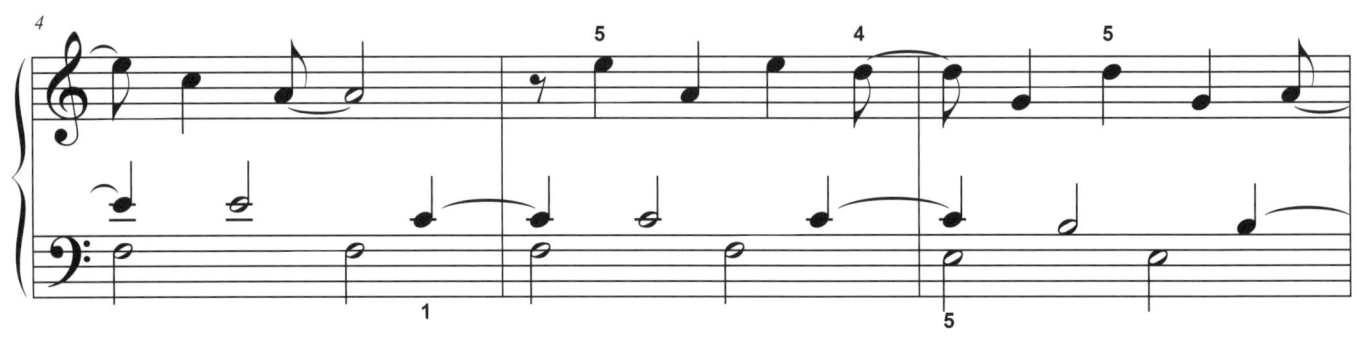

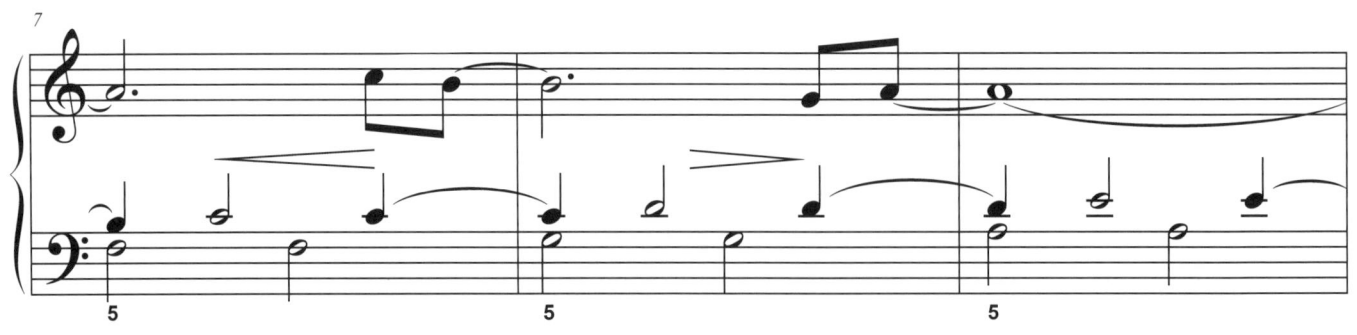

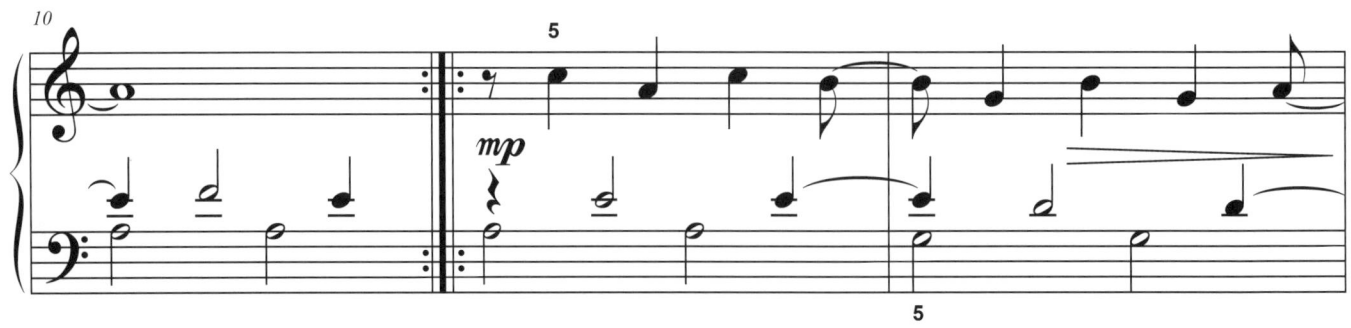

mp

artist ahead

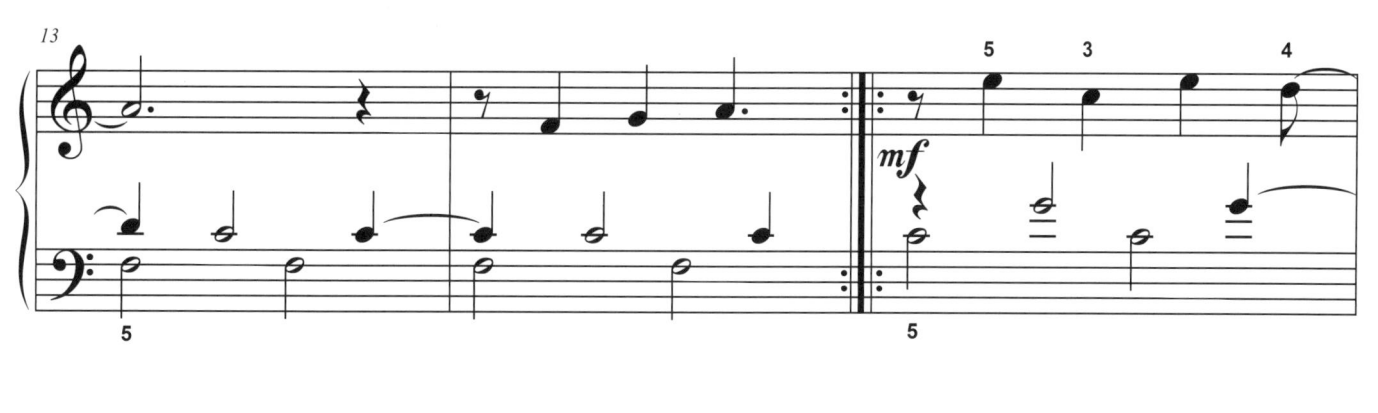

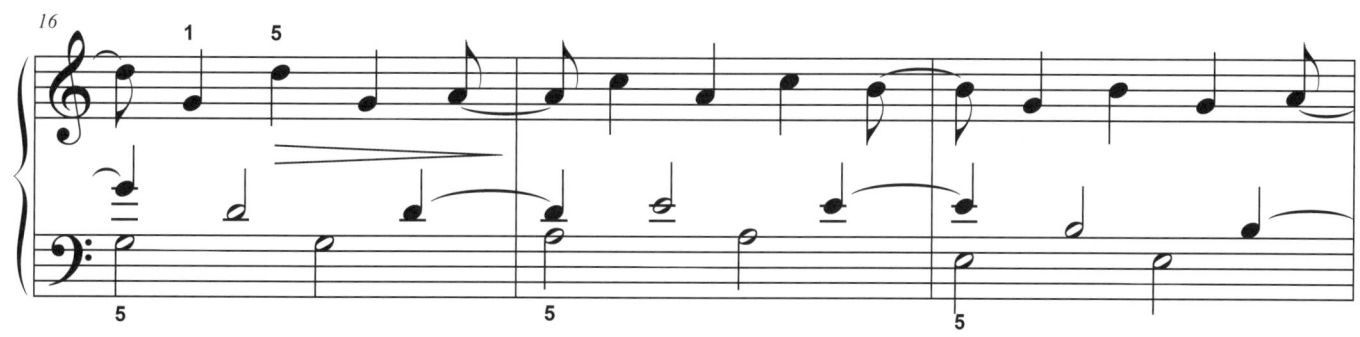

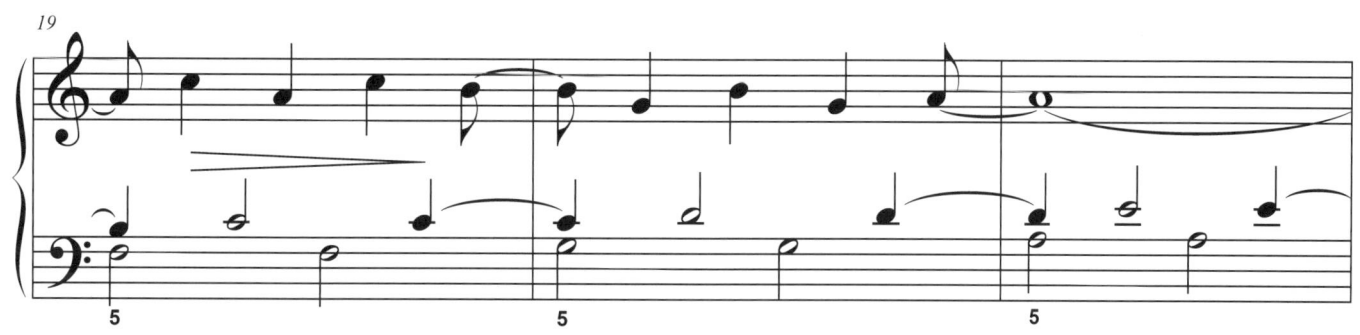

Heiter bis Wolkig

Mathias Kreft

Leggiero ♩ = 125

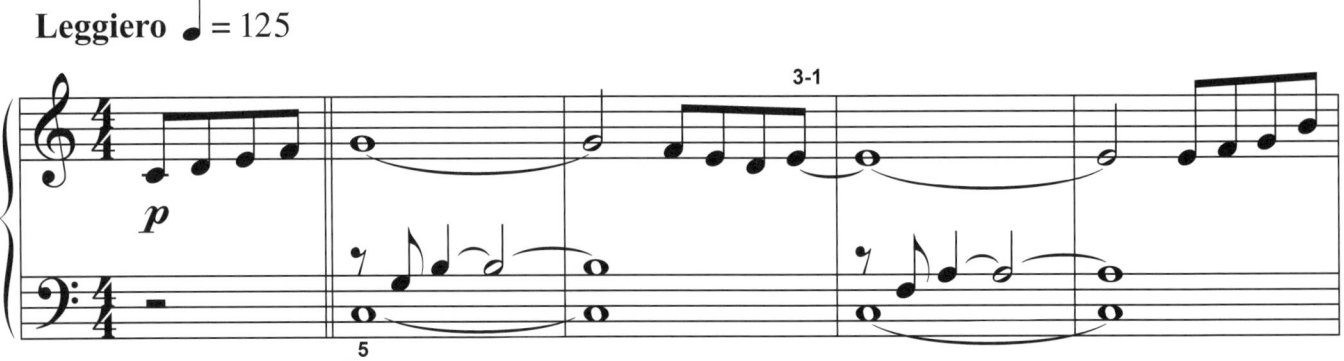

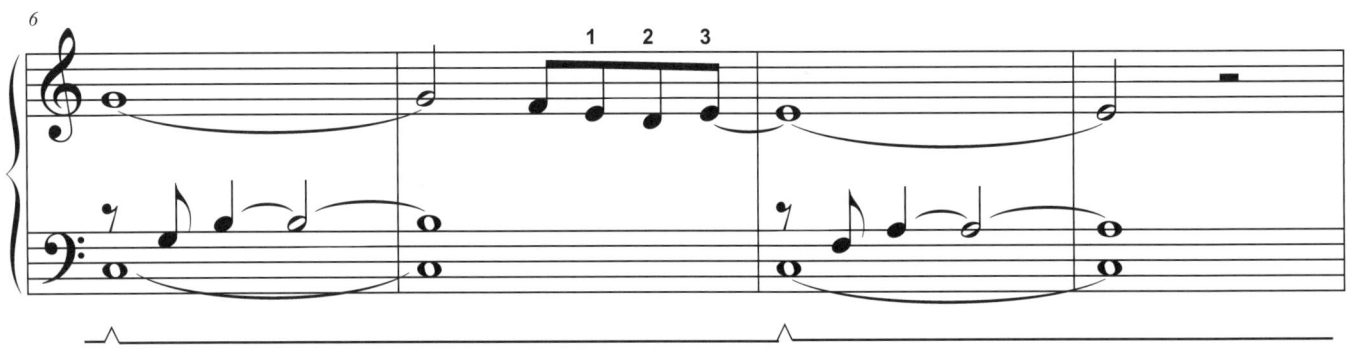

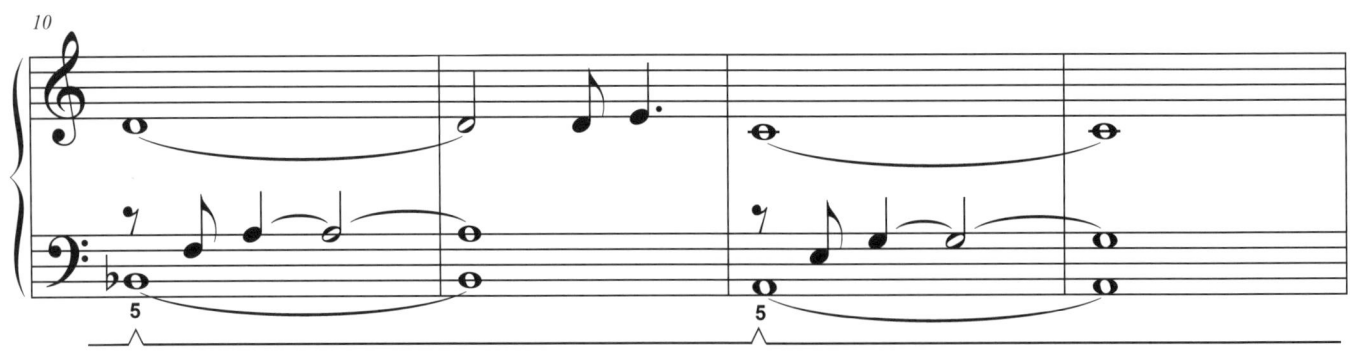

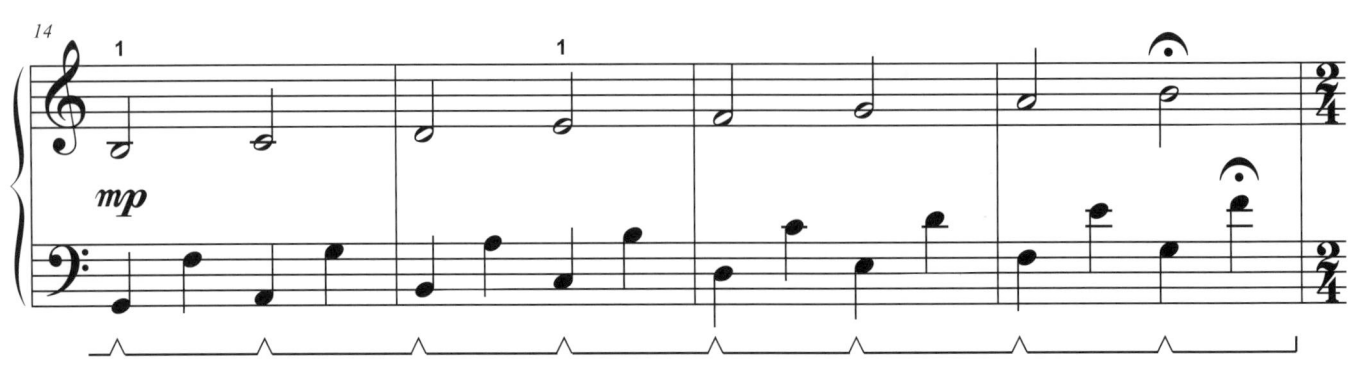

artist ahead

Urlaub am Meer

Mathias Kreft

Mit heiterer Gelassenheit ♩ = 108

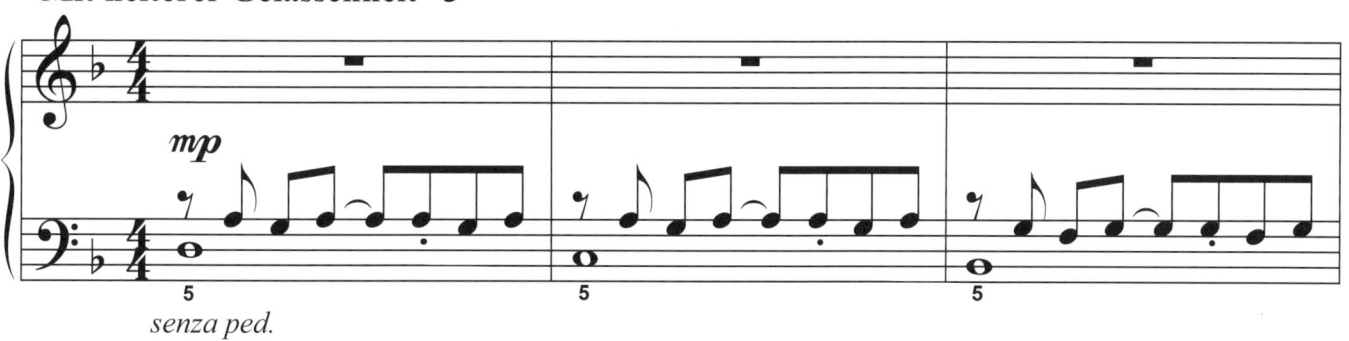

senza ped.

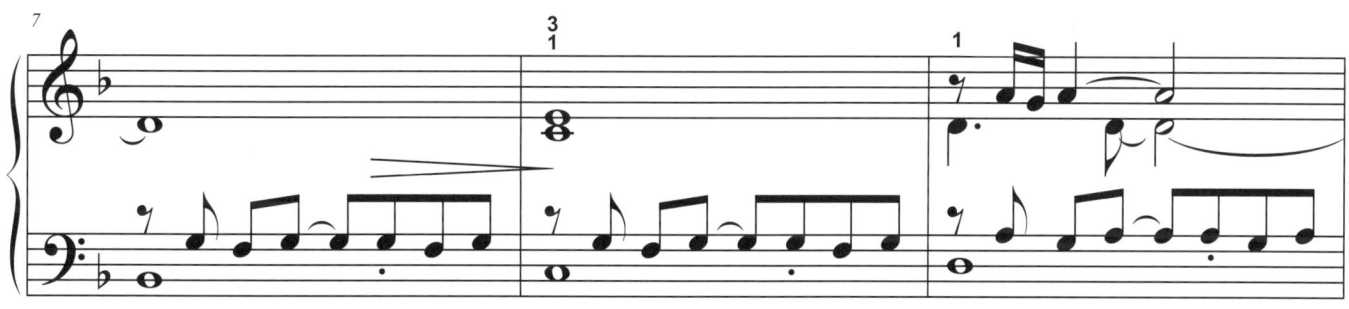

senza ped.

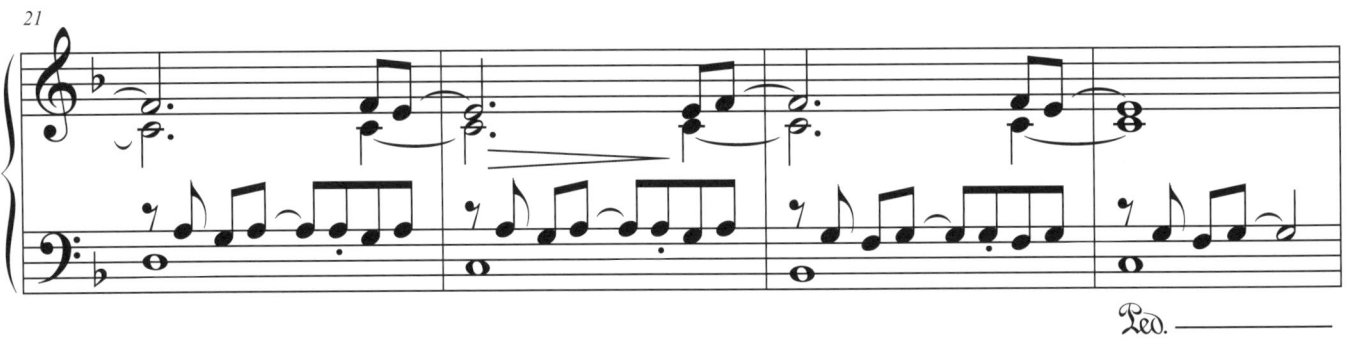

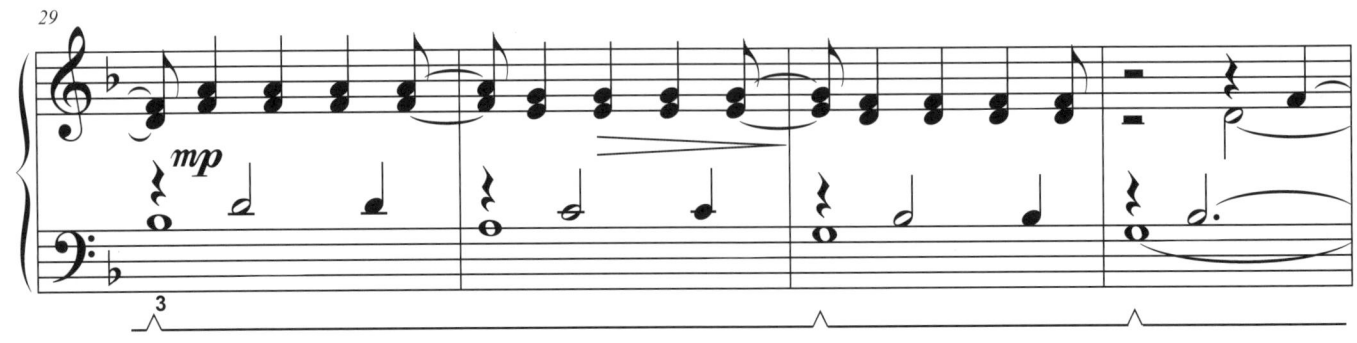

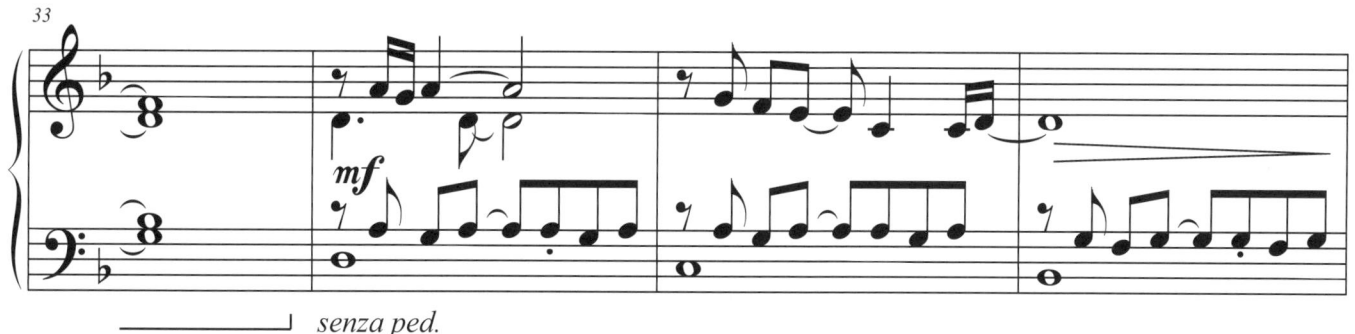

senza ped.

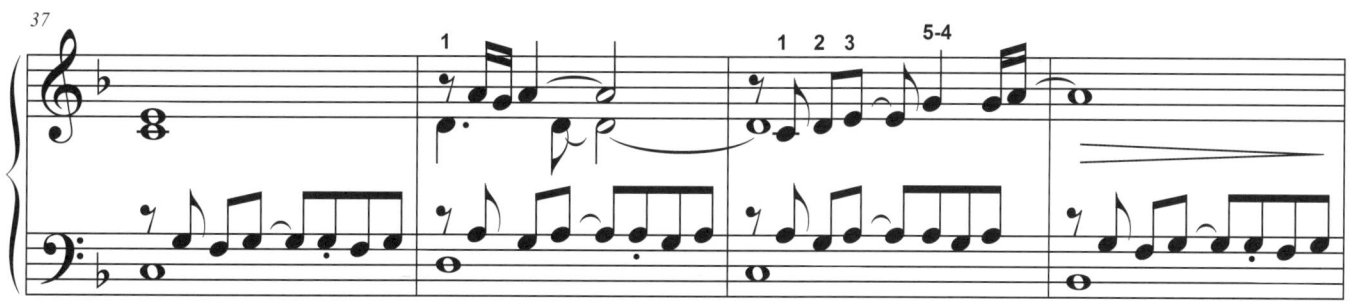

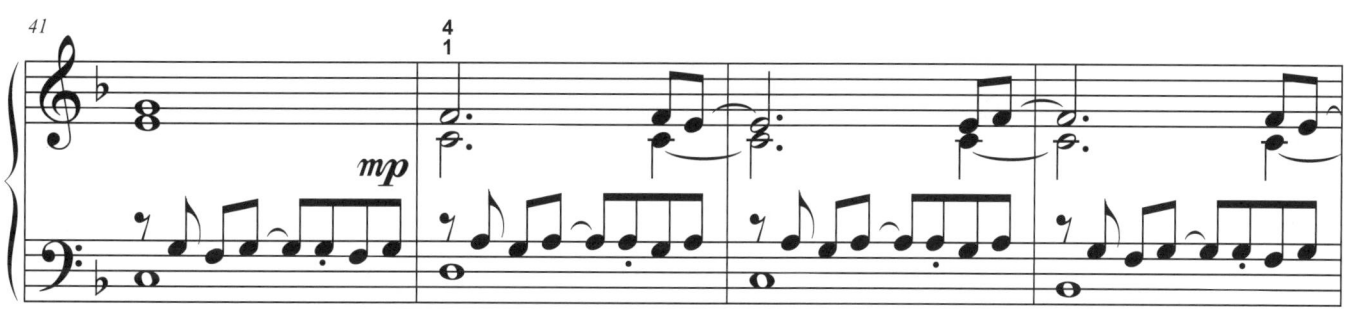

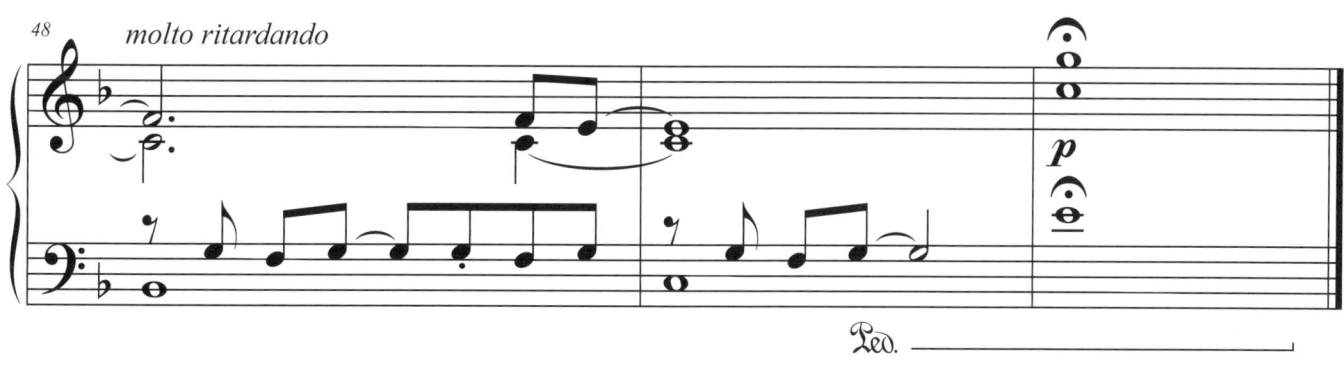

Zeitreisen

Mathias Kreft

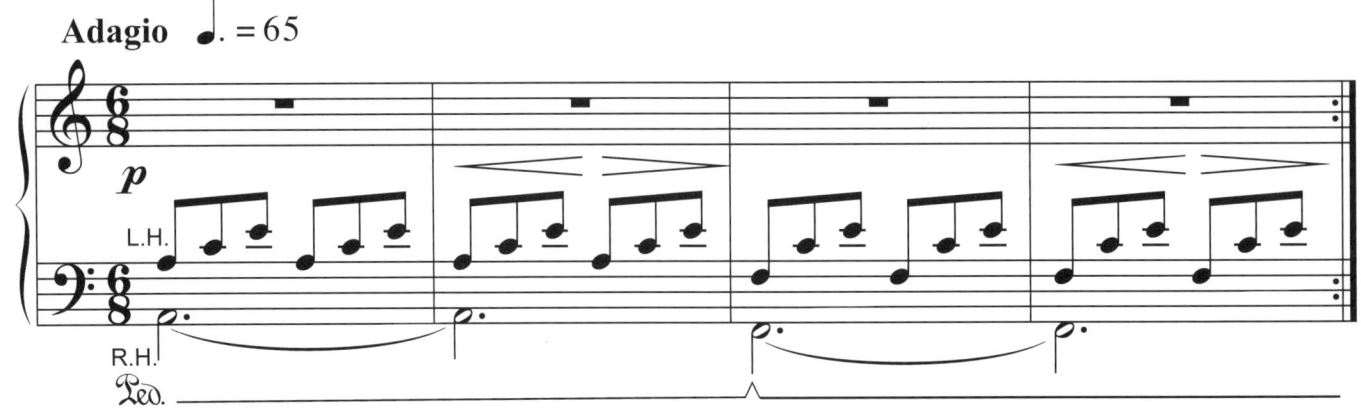

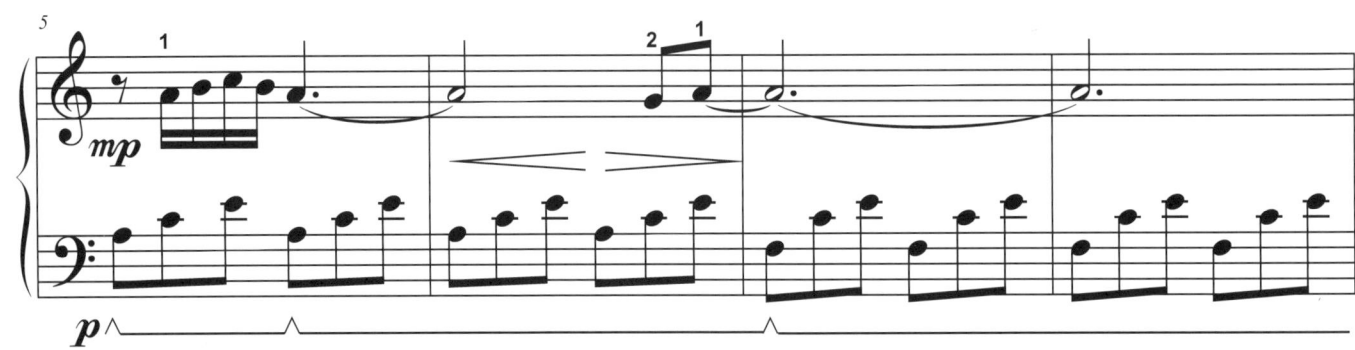

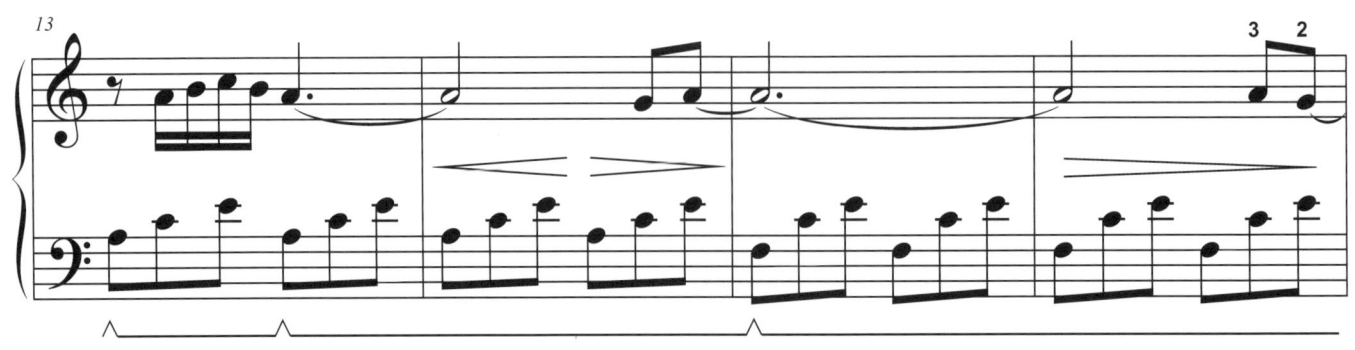

40

artist ahead

KLAVIER-HORIZONTE – Band 2
16 leichte Lieblingsstücke für jede Gelegenheit

Die Reihe „Klavier-Horizonte" versteht sich als motivierendes Ergänzungsrepertoire zu gängigen Klavierschulen. Die abwechslungsreichen Stücke bieten viel Klangerlebnis bei vergleichsweise geringem technischen Schwierigkeitsgrad. Klanglich orientiert sich die Musik an Popmusik, Filmmusik sowie Impressionismus und Minimal Music. Damit bieten diese Stücke in Klangfarbe und technischen Grundlagen eine gute Vorbereitung auf die schwerer spielbare Musik beliebter moderner Komponisten oder auch Songbooks und populärer Filmmusik-Notenbücher.

Mathias Kreft
A4-Buch inkl. CD, 48 Seiten
ISBN 978-3-86642-100-4
15,95 EUR

ISBN 978-3-86642-100-4

9 783866 421004 >

KLAVIER-HORIZONTE – Band 3
15 entspannte Kompositionen für jede Gelegenheit

Die Stücke eignen sich hervorragend als Ergänzung zu gängigen Klavierschulen sowie als entspanntes Freizeitrepertoire für jede Gelegenheit. Die Kompositionen des dritten Bandes bieten abwechslungsreiches Spielvergnügen bei mittlerem technischen Schwierigkeitsgrad (Horizont 4-6) und sind stilistisch beeinflusst von Popmusik, Neo-Klassik, Contemporary, Filmmusik sowie Impressionismus und Minimal Music.
In „Klavier-Horizonte - Band 3" werden die technischen Fertigkeiten innerhalb der mittleren Spielstufen Stück für Stück erweitert. Die Kompositionen werden rhythmisch langsam anspruchsvoller, die Stimmenzahl der Harmonien kann nun in den drei- und vierstimmigen Bereich vordringen. Die Anforderungen in den Bereichen Tempo, Gleichmäßigkeit und Phrasierung werden ebenfalls leicht gesteigert.

Mathias Kreft
A4-Buch inkl. CD, 56 Seiten
ISBN 978-3-86642-101-1
15,95 EUR

ISBN 978-3-86642-101-1

9 783866 421011 >

CIRCUS PIANISSIMO
Klavierschule für Kinder ab 4 Jahren

Ohne Vorkenntnisse kann der Schüler schon ab der ersten Stunde kleine, leichte Stücke spielen. Technische Fertigkeiten werden spielerisch-intuitiv gelernt. Der Beginn wird auf das Nötigste reduziert: Keine Notenschlüssel, keine Taktstriche und Taktartangaben oder andere musikalische „Verwirrungen". Nach und nach werden die Töne des Fünf-Finger-Bereichs der linken und rechten Hand vom Bassschlüssel-F bis zum Violinschlüssel-G erlernt. Die abwechslungsreiche Spielliteratur vom Kinder- und Volkslied über bekannte, klassische Melodien bis hin zu Boogie und Blues wird durch kleine Fingerübungen vervollständigt.

Valenthin Engel
A4-Buch (Querformat), 112 Seiten
ISBN 978-3-86642-005-2
EUR 17,95

ISBN 978-3-86642-005-2

9 783866 420052 >

KINDERHÄNDE AM KLAVIER
Fröhliche Lieder für 10 bis 20 Finger - ab 3 Jahren

Der einfache Einstieg in das Klavierspiel für Kinder im Vorschulalter. Dieses Klavierbuch ermöglicht Kindern ab 3 Jahren ohne Vorkenntnisse alleine oder mit einer Begleitperson von Anfang an schöne Stücke zu spielen. Durch das gemeinsame Singen der Liedtexte werden Melodien und Rhythmik schneller und vor allem spielerischer kennengelernt. Die Umsetzung am Klavier gestaltet sich dadurch leichter, der Spaß am gemeinsamen Musizieren wird gefördert und die Anfänge am Klavier bereiten den Kindern somit große Freude.

Valenthin Engel
A4-Buch (Querformat), 116 Seiten
ISBN 978-3-86642-072-4
EUR 15,95

ISBN 978-3-86642-072-4

9 783866 420724 >

Erhältlich unter **www.artist-ahead.de** oder bei Ihrem gut sortierten Fachhändler.